SUITE DU LIVRE

DE L'ACCORD DE LA GENÈSE
AVEC LA GÉOLOGIE
ET LES MONUMENS HUMAINS,

Par M. GERVAIS-DE-LAPRISE l'aîné, Membre de l'Académie des sciences, lettres et arts de Caen.

Nam invisibilia insius, à creaturâ mundi, factis intellecta conspiciuntur, ipsaque sempiterna ejus virtus et divinitas. St.-Paul aux Romains, texte Grec.

Car ce qu'il y a d'invisible en Dieu se découvre à l'intelligence, par la création du monde, en en jugeant par les faits où l'on voit l'éternité même de sa puissance et sa divinité.

A CAEN,

Chez MANOURY l'aîné, Libraire, rue Froide-Rue.

AN — 1807.

On trouve chez le même Libraire, le livre de l'*Accord de la Genèse*, avec la Géologie et les Monumens humains, in-8°. broché. . . . 3 liv.

MÉMOIRE sur *l'intérêt et les moyens d'exécution d'un projet qui rendroit la rivière d'Orne navigable jusqu'à la Sarthe, au point où celle-ci peut l'être facilement jusqu'à la Loire,* in-8°. *avec la carte topographique.*

PAR M. de LAPRISE le jeune. 1 l. 4 s.

SUITE

Du livre de l'accord de la Genèse, avec la Géologie, et les Monumens humains.

LIVRE I.

CONTENANT par la Géologie, les livres Saints et les traditions religieuses chez tous les peuples de tous les temps, la preuve du fait des révolutions qui par l'ordre divin arrêtent à la fois le mouvement de tous les globes d'un monde planétaire, y éteignent la lumière et la nature vivante et les réduisent à l'état d'une totale inertie jusqu'à ce qu'une nouvelle surface leur étant donnée par le même ordre, l'Eternel leur rende le mouvement et la lumière, et y crée de nouveaux êtres.

Les globes de notre monde planétaire étoient en cet état des ténèbres et de l'inertie quand, à une époque qui déterminée géologiquement ne s'élève que de soixante siècles au-dessus du présent dix-neuvième de l'ère chrétienne, le cours des rivières commença après la retraite simultanée de l'eau qui couvroit la terre par-dessus les pics des montagnes les plus hautes.

Je divise ce livre en deux sections dont la première ne présente qu'un compte analytique des faits et des preuves : il est tel qu'il me suffiroit si je ne parlois qu'aux savans, et les autres à qui la seconde section sera nécessaire sentiront aussi la nécessité de ce compte.

La seconde précédée d'un discours introductif donne la description de l'édifice sur le toît duquel toute la nature vivante agit et repose. J'y développe celles des preuves qui trop resserrées au compte analytique auroient besoin d'un plus grand jour.

Chacune de ces deux sections est divisée en quatre parties.

La première décrit l'édifice et s'arrête au temps où la terre étoit couverte de l'eau d'une mer universelle.

La deuxième commence par la détermination géologique de l'époque où, par le cours des rivières après la retraite simultanée de l'eau qui couvroit la terre, la première couche de sédimens s'étendit sur le fond des baies de la mer. — L'eau de la mer universelle étoit sous les ténèbres. — Avant qu'elle montât sur le globe terrestre, ce globe avoit subi le coup d'un incendie général. — Tous les autres globes de notre monde planétaire avoient été frappés du même coup; ils étoient sans lumière et dans l'état d'une totale inertie. — Un monde entier fut éteint sur la terre. — Les assises de l'édifice s'élevèrent à mesure que l'eau montoit, et rien dans cet ouvrage n'est l'effet des lois imprimées à la nature.

A la troisième partie, preuve du fait d'un troisième monde ; en comptant le nôtre le premier : il fut éteint de même, et il avoit été précédé par un quatrième, etc.

Preuve aussi de ces faits par des exemples dans l'espace céleste quand une étoile fixe, centre d'un monde planétaire s'éteint ; ensorte que c'est ainsi qu'en donnant aux globes un nouvel habit, comme le disent les livres saints, l'Eternel les conserve et leur assure la perpétuité.

Enfin, la quatrième partie donne par les livres saints, et les traditions religieuses chez tous les peuples de tous les temps, la preuve du même fait du dernier monde éteint.

Une cinquième partie s'offriroit naturellement ; car puisque pendant le temps de la révolution d'un monde planétaire le soleil de ce monde est lui-même dans les ténèbres et l'état du chaos, on ne peut pas supposer que le ciel promis aux justes après l'état d'épreuve soit dans l'espace des mondes planétaires, et par conséquent il est au-delà de cet espace. Or en celui-ci le nombre des globes est toujours le même puisqu'ils se rajeunissent par ces révolutions ; et c'est le contraire dans le ciel promis aux justes puisque leur nombre s'y est toujours accru depuis le principe des temps et qu'il s'y accroîtra toujours pendant l'éternité qui nous suit. On en concluroit donc que, quelque immense que nous paroisse avec nos longs télescopes l'espace qui comprend tous les mondes planétaires, il pourroit bien n'être qu'infiniment petit en comparaison de cet autre ciel où sont les justes, et qui dans l'ordre transcendant de l'infini seroit l'objet d'une autre géologie sur laquelle les livres saints encore auroient l'initiative, puisqu'ils nous parlent de ce nouveau ciel et de de cette (1) nouvelle terre. Mais quand il me seroit permis de le dire je m'écarterois trop des bornes de mon sujet; et déjà peut-être en cet ouvrage où j'ai voulu servir à la fois la religion et les sciences j'aurai donné lieu contre mon gré, à quelques sages improbations.

Le compte analytique sera imprimé trois mois avant le restant de ce livre, pour que je sache si à cette deuxième section je n'aurai pas lieu d'ajouter ou retrancher : je serai court aussi dans ce reste du livre.

SECTION I.

Compte analytique des faits et des preuves.

PARTIES I et II.

LA Genèse dit qu'avant l'ouvrage des six jours, la terre étoit entièrement couverte d'eau. Elle n'en

---

(1) *Novos vero cœlos novamque terram expectamus in quibus justitia habitat.* Saint-Pierre, Ep. 2.

excepte pas les pics des montagnes les plus hautes puisqu'elle dit que l'air étoit porté sur la surface des eaux.

Buffon fut le premier qui dit et prouva géologiquement qu'en effet la terre n'étoit qu'une mer universelle, au moins jusqu'aux hauteurs les plus grandes où l'homme ait pu se porter. Il en cite des exemples à une élévation d'environ une lieue perpendiculaire au-dessus du niveau de l'eau de la mer, et on ne peut pas en douter puisqu'à toutes les hauteurs on trouve des débris d'animaux et végétaux pétrifiés et silicifiés. (1)

On en trouve aussi à la surface de la terre, et dans ses fouilles et profondeurs jusqu'au-dessous du fond des mers, et cela par toute la terre.

On y découvre des arbres et d'autres végétaux, et des fruits, et des animaux terrestres et marins ; tout ce qui est calcaire (2) dans les pierres est aussi de la nature animale puisque dans leur principe

---

(1) Du mot latin *silex*, qui signifie le caillou qui fait feu. Je restrains ici les sili-cifications à celles qui se trouvent dans les pays de la pierre calcaire, parce que, sans contredit, elles résultent des corps des animaux et végétaux.

(2) On appelle de ce nom, toutes les pierres de la nature de celles dont on fait de la chaux. Les marbres, la crie, le plâtre, les marnes sont calcaires.

ces pierres résultent des coquilles de la mer Le charbon-de-terre résulte aussi des végétaux, et le bitume dont il est pénétré et qui dissous par l'eau remplit quelques lacs à la surface de la terre et dans ses profondeurs, résulte de même des débris des végétaux et des animaux.

C'est déjà une grande raison à la vue de ces faits pour conjecturer que ces êtres qui, sans contredit ont vécu sur la terre, y vivoient avant le temps où elle n'étoit pas sous l'eau de la mer universelle; et d'autres faits ne permettent pas d'en douter.

1°. Ces animaux diffèrent assez sensiblement de ceux de notre monde pour qu'on conclue ou qu'ils n'en viennent pas, ou que leurs espèces auront été détruites : Or, depuis que l'homme est sur la terre il n'a vu s'éteindre aucune espèce d'êtres ; il ne reste donc qu'à dire que ces animaux sont morts avant le temps de notre monde.

2°. Avant que l'eau de la mer universelle eût commencé de monter, le globe terrestre avoit subi le coup d'un incendie général: On en a la preuve par toutes les minières puisqu'on y voit que la mine a subi l'action du feu, on y voit qu'elle a coulé; on le voit notamment par la mine de fer en masses qui, en des pays ne forme pas seulement des carrières mais des montagnes.

Buffon qui en a cité des exemples en fut si frappé qu'il y prit l'idée du système, selon lequel le globe terrestre n'auroit été qu'un océan de matières fondues par le feu ; il n'observa pas que ce ne fut qu'un incendie dont le feu ne fut pas consumant, et il ne sut pas que les pierres calcaires certifient ce même fait puisqu'elles résultent, non pas de simples détrimens de coquilles non fondues par le feu mais de pierres antécédentes de cette même nature, mises en dissolution par le feu dans cet incendie général du globe.

Or les êtres pétrifiés portent aussi par leur pétrification même, la marque de cet incendie général.

C'étoit donc avant le temps où l'eau monta, que les êtres pétrifiés et silicifiés vivoient sur la terre.

Et c'est comme je l'ai dit et prouvé dans le livre dont celui-ci est la suite, ce que signifient les mots *néant* et *vide*, dans la Genèse. Moïse y dit qu'avant l'œuvre des six jours, la terre étoit *néant* et *vide*, parce qu'elle n'avoit plus rien de la nature vivante. Je le prouverai à la partie quatrième, par d'autres livres saints où l'on verra en termes précis, que par cette révolution un monde entier fut éteint ; et l'on sait au reste assez que, selon ces livres, notre monde finira de même par un incendie général.

Mais j'ai à me défendre sur ce commencement de preuves, contre l'opinion générale : Elle disoit, au milieu du dernier siècle, que les pétrifications étoient l'ouvrage du déluge universel. Buffon et le plus grand nombre des autres savans firent taire cette erreur, mais ils laissèrent subsister celle qui, depuis Pythagore supposoit que les montagnes et les carrières s'étoient formées par la pétrification des bancs de sable sous l'eau de la mer ou d'un déluge ; ils dirent que c'étoit sous l'eau de la mer universelle antérieure à l'homme que s'étoit formée cette pétrification de bancs de sable ; et il en est encore qui en croyant la religion intéressée à dire que l'eau du déluge de Noé a fait ces choses, reviennent à la première erreur.

Attaquons celle-ci la première, les sables de la mer déposés par l'eau du déluge universel ne se sont pétrifiés en aucun lieu ; on peut en juger par les longues et larges baies de la Seine qui en sont pleines, et par les campagnes aux environs de Paris qui en sont couvertes : On trouve aussi sur l'Etna des coquilles de toutes les espèces vivantes dans les mers de la Sicile, on en trouve de même sur d'autres hautes montagnes, et elles ne s'y sont ni pétrifiées ni silicifiées. Ce n'est donc pas l'eau du déluge universel qui a opéré les pétrifications ; et ce n'est pas le récit de la Genèse qui a fait naître cette erreur puisqu'au contraire il y est dit que les végétaux furent conservés par l'ordre divin sous l'eau de ce déluge qui, quand elle baissa découvrit à Noé une branche verdoyante du foible olivier : Il y est dit aussi que les quatre rivières qui, par leur réunion formoient le fleuve dont étoit arrosé le paradis terrestre, étoient ce qu'elles sont encore à présent comme on le voit par le texte de ce récit (1) parfaitement circonstancié. J'ai donc bien dit que ce n'est pas dans le récit de la Genèse que cette fausse opinion a pris sa source, elle n'est venue que de la philosophie des Grecs.

L'autre quoique plus savante puisqu'elle se reporte à l'eau de la mer universelle n'est pas moins fausse, parce qu'elle suppose aussi que les bancs de sable se pétrifient sous l'eau de la mer: Il ne s'en est pas pétrifié un seul sous cette eau, et on peut en savoir la raison que n'apperçut pas le génie de Buffon trop occupé de son système: C'est qu'indépendamment des matières nécessaires pour opérer la pétrification, il y faut aussi l'absence de la turbulente action des fluides de l'air et du feu, et aussi l'absence des marées ; or cette action est continuelle sur l'eau de la mer, et dans cette eau.

Il n'est pas à présent un savant qui croie qu'il ne faille que des détrimens de coquilles pour faire du plâtre, du marbre, de la craie, de la marne et les autres pierres calcaires, mais personne encore n'a écrit contre l'erreur qui le suppose:

---

(1) La version des septantes y a fait une faute que la Vulgate n'a pas corrigée. Le texte porte que le fleuve du paradis terrestre étoit à quatre têtes, dont la première étoit le Tygre, etc. et la quatrième l'Euphrate lui-même.

C'est qu'indépendamment de la force qu'ont les opinions réputées à la fois savantes et religieuses il ne suffit pas de les détruire, il faut qu'une autre erreur en prenne la place si la vérité ne s'y met pas.

Ce fut pour concilier le livre de la Genèse avec celui de la nature que Buffon crut pouvoir supposer que les six jours de la création auroient été six périodes d'un temps très-long et indéfini: Il fut suivi dans cette idée par d'autres savans pleins du zèle religieux, et il y étoit religieux aussi quoiqu'il s'y mît en opposition avec la Genèse; car, puisqu'il s'y écarta encore plus du livre de la nature, auquel personne ne doutera qu'il n'eût bien l'intention de se conformer, la même justice lui est due sur le reste. On suppose en cette opinion, que la mer universelle eut des poissons et des végétaux lorsqu'elle commença un peu à baisser. Le texte de la Genèse ne permet pas cette supposition, il s'y oppose au contraire puisque Moïse y dit que les ténèbres couvroient cette eau, et toute l'étendue de notre monde planétaire : mais ce n'étoit qu'une hypothèse excusable du côté de la religion par la beauté du motif; et du côté du livre de la nature il ne s'agissoit que de savoir si l'auteur étoit fondé ou non dans ses idées.

Il ne s'en est que fort peu expliqué: Il dit seulement que les détrimens de coquilles tombant au fond de cette eau y formèrent des bancs de sable en situation horisontale l'un sur l'autre, et que ces bancs s'y étant pétrifiés par la force d'affinité de leurs parties constituantes, il en est résulté toutes les carrières et montagnes calcaires.

Quelques savans objectèrent, que comme la matière est pure et sans mélange dans les bancs de la pierre, ce fait ne pourroit être expliqué qu'en supposant celui des précipitations chimiques, et cette idée ayant paru aussi absurde qu'impuissante pour expliquer l'ouvrage des carrières et des montagnes, tous les savans ont renoncé à ces systèmes au point que, dernièrement un savant a proposé avec une grande modestie, une autre hypothèse en sens contraire de toutes les précédentes : C'est celle où avec le temps, pendant un cours immense de siècles, les régions polaires deviendroient équatoriales. Mais cette hypothèse suppose de même que les bancs de sable se pétrifient sous l'eau de la mer, et ce n'est aussi que sur cette erreur qu'elle se fonde. Elle n'explique rien de l'ouvrage des carrières et des montagnes, et son modeste auteur s'y borne en finissant, à désirer que la géologie enfin s'en explique.

A présent les savans commencent à dire que ce grand problème ne pourra se résoudre que par le fait de quelqu'ancienne révolution du globe terrestre.

C'est aussi ce que je dis, mais nous ne sommes encore qu'au commencement des preuves.

Moïse dit qu'au temps de la mer universelle tout l'espace de notre monde planétaire étoit dans les ténèbres, et qu'à la voix de l'Eternel la retraite de l'eau se fit au même instant; et le livre de la nature atteste aussi ce fait: Car si l'on supposoit que cette retraite eût pu être opérée par les lois naturelles, ce qui n'est pas supposable on y demanderoit au moins un temps extrêmement long, puisqu'à mesure que l'eau auroit monté par la vaporisation dans les régions de l'atmosphère elle seroit retombée par la condensation des vapeurs; en sorte que les montagnes se découvrant, la terre auroit été entraînée par les torrens, et poussée par le courant des eaux dans les baies de la mer qui en auroient été comblées: Or, à présent même elles sont encore fort loin d'être comblées, et l'on voit par leurs fouilles, que la masse des matières déposées sur leur fond ne s'est formée que par des couches lentes et progressives du sédiment de l'eau des rivières et des marées, et cela depuis le temps seulement que l'homme est sur la terre. On ne peut donc pas supposer que la retraite de l'eau qui couvroit la terre se soit faite par les lois imprimées à la nature, et l'on est au contraire forcé de conclure que cette retraite s'opéra à la fois et au même instant comme l'a dit le livre de la Genèse. On est forcé de même de conclure que tout notre monde planétaire étoit dans les ténèbres; car si le soleil eût illuminé l'atmosphère terrestre, il y auroit mis en action les fluides de l'air et du feu; et par ces deux grands agens de la nature et ses autres agens, la pétrification qui s'opéroit sous l'eau de la mer universelle auroit été empêchée; elle l'auroit été puisque sous l'empire de ces lois il ne s'est pas pétrifié un banc de sable sous l'eau de la mer ; et les baies maritimes auroient été comblées par les montagnes mêmes qui les bordent.

On le concluroit encore par le fait même de la nouvelle surface donnée à la terre, et par la jonction de cette surface, à ce qui reste de l'ancienne. Car, si dans le temps où les premières assises de la pierre calcaire alloient être posées, les lois imprimées à la nature eussent encore exercé leur empire, les sommets de celles des vieilles montagnes qui sont hautes auroient été couverts de neige, les torrens auroient coulé, et la bâtisse eût été impossible sans de continuels miracles que ne suppose pas l'opinion qui ne veut voir que les lois naturelles, miracles dont la religion elle-même repousseroit l'idée puisqu'on sait que l'éternelle sagesse ne procède en ses ouvrages, que par les voies les plus simples.

Mais je parle déjà de cette jonction des deux surfaces, et je n'en ai encore donné aucun exemple.

Portons-nous sur quelque grande plaine, où une rivière descendue d'un pays élevé coule sur un fonds calcaire, et rencontre dans son cours une chaîne de vieilles roches ou de granit. Cette chaîne est la tête d'une montagne dont le corps est enveloppé par des matières calcaires qui y sont jointes. On ne peut pas en douter parce qu'en creusant on retrouve la pente de la montagne; ensorte que cette plaine étant l'image d'un vallon comblé par des matières rapportées, elle est l'exemple d'une nouvelle surface donnée à la terre, et de la jonction de cette surface à ce qui reste de l'ancienne.

Or en quelque pays de la terre que ce soit où une rivière arrive ainsi à une chaîne de roches ou de granit, elle y trouve au niveau juste de son fond, un canal creusé de la manière dont il le seroit si c'étoit l'ouvrage des hommes, et au sortir duquel la rivière continue son cours sur une autre plaine. Rien n'est dérangé dans les assises de cette chaîne ainsi coupée, ni à son sommet aux deux côtés de l'ouverture, ni au fond de la rivière qui y coule et qui a pour pavé les assises mêmes de ces roches.

Si l'on voyoit quelque part les débris des pierres qui remplissoient ces vides, on croiroit y voir l'ouvrage, ou de la main de l'homme ou de la poussée de l'eau, mais on ne trouve rien de ces débris nulle part, et il ne resteroit qu'à y voir pour cause la main qui anéantit la matière aussi facilement qu'elle la crée. Mais l'opinion suppose que peut-être ces roches auroient été amolies par des acides, et qu'en-

traînées

traînées par le courant de l'eau, elles auroient été déposées dans la baie maritime de cette rivière.

Détruisons cette cause de doute en proposant un exemple pour que la question soit plus sensible.

La rivière d'Orne par exemple qui coule sur un fond calcaire jusqu'au pays des roches et du granit, y trouve un canal ouvert bordé de baies spacieuses long de dix lieues et creusé dans ces chaînes hautes quelquefois de plus de deux cents pieds. Ce seroit donc supposer que les matières qui remplissoient ces grands vides auroient été déposées dans la baie maritime de cette rivière ; mais cette baie qui n'est pas encore comblée à beaucoup près l'auroit été sur le champ s'il étoit vrai que ces matières y eussent été déposées. Il n'est donc pas vrai qu'elles y soient, et en effet les fouilles en cette baie ne représentent rien de ces matières de roches et de granit.

Insisteroit-on en supposant que peut-être elles auroient été poussées dans le bassin de la mer ? Mais les matières poussées dans ce bassin sont repoussées dans les baies par les marées. On y retrouveroit donc ces matières de roches et de granit si elles avoient été poussées à la mer, et par conséquent il n'est pas vrai qu'elles y aient été poussées.

Une raison plus sensible encore repousse l'idée de cet imaginaire amollissement des roches et du granit par des acides. C'est que s'il étoit vrai que ces

B

pierres eussent été amollies, celles qui sont aux deux côtés de l'ouverture de ces chaînes et aux bords et au fond de la rivière auroient quelques marques du fait de cet amollissement. Or elles n'en ont absolument aucunes marques, on n'en voit même aucunes aux assises de la pierre calcaire aux bords et au fond des rivières, quoique cette pierre soit moins résistante que le granit et les roches. Il n'est donc pas vrai que les pierres de cette nature qui remplissoient ces grands vides aient été amollies par des acides au point d'avoir été entraînées par le courant de l'eau dans les baies de la mer où aussi nous venons de voir qu'elles ne sont pas.

Convainquons-nous en encore plus par l'ouvrage de ces baies de la mer. La même hypothèse suppose que les montagnes dont sont bordées des deux côtés ces baies, ne formoient qu'un seul corps de montagne jusqu'au sommet de laquelle l'eau se seroit élevée en formant en deçà un grand lac. Son courant auroit excavé le sommet de la montagne supposée assez amollie pour que le fait de l'excavation entière fût assez prompt; et les matières auroient été poussées à la mer par le courant de cette eau du lac.

Mais lorsque l'excavation se seroit trouvée au niveau des hautes marées ordinaires, ces marées auroient repoussé dans la partie excavée formant déjà une baie maritime les matières que le courant auroit poussées à la mer; et même déjà plutôt les plus hautes marées qui viennent aux quatre saisons de l'année auroient repoussé en cette baie les matières poussées par le courant de l'eau à la mer.

Le fait de l'excavation auroit donc cessé dès-lors en en exceptant seulement la largeur nécessaire pour contenir le courant de la rivière, largeur qui n'est toujours que fort petite en comparaison de celle d'une baie de la mer. On ne pourroit en effet en excepter que le lit de la rivière puisqu'on sait par l'expérience qu'on n'ouvriroit qu'envain un trop large canal à une rivière; elle n'y prendroit que la largeur nécessaire à son courant, et elle obstrueroit l'excédent par des atèrissemens.

Il résulte de ces principes que si l'imaginaire montagne avoit jamais existé dans les baies de la mer elle y existeroit encore au niveau même des hautes marées qui viennent aux quatre saisons de l'année, et qu'à plus forte raison elle y existeroit au-dessous de ce niveau jusqu'au fond des baies, en y exceptant seulement la largeur nécessaire au courant de la rivière jusqu'au niveau de la basse mer de vives eaux où l'eau de ce courant n'a plus d'action contre celle de la mer qui même est plus plus pesante que la douce.

Enfin un autre fait moins connu feroit taire aussi cette imagination. C'est que le fond des baies de la mer est fort considérablement plus bas que le niveau de la basse mer de vives eaux au-dessous duquel l'eau du courant est sans poussée contre celle de la mer. Le fond de la baie de l'Orne par exemple est d'environ cinquante pieds plus bas que ce niveau de la basse mer de vives eaux. Ce n'est donc pas par le courant de l'eau que cette baie a été creusée jusqu'à son fond.

Quand on n'auroit que ce dernier fait pour preuve contre l'opinion qui creusoit ces baies par le courant de l'eau des rivières, ce seroit contre l'évidence que se prononceroit l'opinion puisqu'il faudroit bien au moins qu'elle supposât que sa montagne imaginaire existeroit dans les baies maritimes au niveau de la basse mer de vives eaux où l'on voit qu'elle n'existe pas : et il faudroit même, par les raisons précédentes qu'elle supposât que cette montagne existeroit au niveau des plus hautes marées c'est-à-dire à la surface même des prairies.

Si une baie maritime avoit été faite par excavation elle seroit dans le cas des vieilles chaînes de montagnes coupées par la main qui anéantit la matière aussi facilement qu'elle la crée. Dans tous les autres cas ces baies de la mer se montrent faites par construction de la même manière que sont construits les bassins de notre architecture. Les assises de la pierre, et au-dessous de ces assises les couches compactes de matières schisteuses lient par le fond de ces baies l'ouvrage des montagnes qui les bordent d'un côté à l'autre.

C'est de même par construction qu'a été fait l'ouvrage des baies des rivières que l'opinion creuse aussi par le courant des eaux : elle suppose que les montagnes aux bords des rivières ne formoient qu'un corps de montagne qui auroit été bientôt excavé par le courant de l'eau, les pierres étant supposées amollies par des acides ; et les matières de cette excavation auroient été poussées à la baie maritime.

Pour répondre on n'a besoin de rien de plus que ce que nous avons dit sur les baies de la mer. Car puisque le lit des rivières n'est qu'étroit en comparaison de la largeur de leurs baies entre les montagnes qui les bordent, on ne peut pas supposer sensément que ces baies aient été creusées par le courant étroit de la rivière. On ne supposera pas non plus que les matières qui, dans l'hypothèse de l'excavation seroient sorties du vide des baies des grandes rivières, seroient entrées dans le vide incomparablement plus petit de leurs baies maritimes où aussi nous avons dit que ces prétendues matières ne se trouvent pas.

L'opinion n'allègue pour raison qu'un seul fait, c'est celui des angles rentrans et sortans, mais les canaux faits par la main de l'homme ont ces mêmes angles : ce n'est donc pas une raison pour conclure que l'ouvrage de ces baies n'ait pas été fait par construction ; et l'on voit que c'est ainsi qu'il a été fait puisque les assises de la pierre des montagnes aux bords de ces baies se rejoignent d'un côté à l'autre par dessous l'eau de la rivière dont elles pavent le fond. Demanderoit-on pourquoi les rivières sont sinueuses et bordées de larges baies? On sentiroit que si ces choses avoient été moins faites l'homme auroit moins de prairies, et moins de facilités pour les communications.

Les détroits de la mer sont construits comme ses baies. Les assises de la pierre, et au-dessous de ces assises les couches de matières schisteuses se rejoignent sous l'eau d'un côté à l'autre : c'est ainsi par exemple que les assises de la pierre à la côte de Boulogne en France se lient à celles de la côte de Douvres en Angleterre. L'opinion a supposé depuis le temps de Pythagore jusqu'à nous que des Isthmes remplissoient les vides de ces détroits dans l'ancien temps : la Sicile auroit été jointe à l'Italie, Virgile le fait dire (1) à son héros; et dans Ovide, (2) Pythagore en parle comme d'un *on dit*, ce qui feroit croire que ce philosophe n'en étoit pas l'inventeur. La fable disoit aussi que l'Hercule Phénicien avoit le premier coupé le détroit de Gibraltar, et peut-être ne l'avoit-

---

(1) *Hæc loca, vi quondam et vastâ convulsa ruinâ*
(Tantum ævi longinqua valet mutare vetustas)
Dissiluisse FERUNT: cùm protinus utraque tellus
Una foret, venit medio vi pontus, et undis
Hesperium Siculo latus abscidit, arvaque et urbes
Littore diductas angusto interluit æstu. Enéide. liv. 3.

(2) *Zancle quoque juncta fuisse*
DICITUR Italiæ donec confinia pontus
Abstulit et mediâ tellurem reppulit undâ.

elle dit d'abord que dans le sens où Horace dit qu'un nautonnier sur son vaisseau coupe la mer.

Ut trabe cypriâ
Myrtoum pavidus nauta secet mare.

Dans ce sens les Phéniciens auroient les premiers navigué de la Méditerranée dans l'Océan par ce détroit, honneur que les Grecs n'ont pas contesté à ces anciens navigateurs.

Mais si ces Isthmes imaginaires avoient jamais existé, ils existeroient encore sous l'eau de la mer au moins à la profondeur où commencent les flots, puisqu'au-dessous de cette ligne l'eau de la mer est sans action contre ses digues : or en sondant au-dessous on ne trouve dans les détroits aucune matière de ces prétendus Isthmes. Ils n'ont donc jamais existé.

Des savans ayant voulu savoir si le détroit des Dardanelles n'auroit pas été formé par des irruptions volcaniques sous des terrains qui se fussent enfoncés, ils ont éclairci cette question sur les lieux depuis peu d'années ; et il en résulte que rien n'est volcanique dans tout ce qu'ils ont pu voir aux côtes et au fond de ce détroit. Des volcans furent bien éteints sous l'eau du déluge universel dont l'homme fut le témoin ; tels furent en France ceux du Vivarrais et du Veley, et ceux de l'Ecosse en Angleterre. Mais rien n'est volcanique dans la construction de l'édifice, pas même dans l'ouvrage de ses grandes cheminées.

Les côtes de la mer, celles mêmes qui sont les plus plates sont construites de façon qu'on ne peut pas supposer qu'une rivière arrivant à une baie de la mer en eût une autre quand elle commença son cours. Les lits horisontaux des pierres s'abbaisent sans rien perdre de leur niveau sous l'eau de la mer: les côtes des îles et leurs bords sont construits de la même manière; et l'ouvrage des souterrains existans au-dessous du fond des mers est certifié par les tremblemens de la terre lorsque l'air mis en action par le feu dans ces vides du globe en soulève les voûtes jusqu'à ce qu'il s'échappe par les grandes cheminées dont les foyers répondent à ces vides.

Ce n'est pas par enfoncement que le bassin des mers s'est fait puisque les assises de la pierre sont horisontales sous l'eau de la mer et à ses côtes non moins des îles que des continens. Ces assises seroient renversées et bouleversées si les piliers qui soutiennent le fond de ce bassin avoient manqué.

Les lois imprimées à la nature ont le pouvoir de détruire mais jamais celui de recomposer: ce n'est que l'image du désordre dans les matières vomies par les volcans, et elles ne sont sur la surface de la terre, où leur amas forme quelquefois de nouvelles montagnes, que ce que sont les cendres et les autres matières jetées sur la plate-forme d'un bâtiment par le ressort de l'air sortant du tuyau embrâsé d'une cheminée.

Par ces lois dans le courant des eaux, les sables de tous les genres se mêlent avec la terre et avec les vases résultantes de la destruction des corps de la nature animale et végétale. C'est le même mélange, et il est bien plus grand encore dans l'amas des matières lancées du bas en haut par le ressort de l'air. Si ces lois imprimées à la matière semblent faire quelques ouvrages ce n'est qu'en détruisant qu'elles les font, et jamais elles ne rétablissent ce qu'elles détruisent.

En coulant à travers les minières et les carrières les eaux peuvent en détacher des matières qu'elles roulent ou dont elles se chargent. Il en résulte des enduits et des incrustations sur les corps roulés en ces eaux, il en résulte aussi des mines secondaires et des pierres plus ou moins fermes et quelquefois fort dures. Mais sur l'objet des mines secondaires, soit celles dont nous venons de parler, soit d'autres qui dans les fentes des rochers ne sont que l'effet de la sublimation du minéral déposé dans les profondeurs des montagnes, ce n'est que l'exemple de la destruction et non pas de la recomposition : ce n'est aussi rien de plus dans les carrières ; les lois de la nature peuvent y détruire des pierres mais jamais elles ne les recomposent : elles n'ont jamais formé un banc de pierre, ni à plus forte raison des bancs élevés l'un sur l'autre en situation horisontale.

Ce n'est que dans l'édifice qu'on voit de l'ordre;

et il y règne si admirablement par-tout qu'il est impossible de n'en être pas frappé. La matière est pure dans les bancs de la pierre sans mélange de matières hétérogènes, et les pierres d'un genre ne sont pas mêlées avec celles d'un autre genre: chaque chose est à la place que lui assigneroit la sagesse, et la distinction en est si bien faite que tout s'y offre à la vue pour ainsi dire par des signes indicatifs des richesses cachées sous la surface de la terre et dans ses profondeurs.

Enfin ceux qui pour reculer la difficulté, ou plutôt l'impossibilité de répondre voudroient reculer l'origine de notre monde ne le peuvent, puisqu'on verra à la deuxième section, par détermination géologique que l'époque de la retraite simultanée de l'eau de la mer universelle ne s'élève que de soixante siècles au-dessus du présent dix-neuvième de l'ère chrétienne.

Ce n'est donc pas par les lois imprimées à la nature que ces choses ont été faites.

Les livres saints disent que c'est la main de Dieu qui a fait tous ces ouvrages: *ipse fecit mare, et aridam fundaverunt manus ejus.*

Dans le livre de Job qui vivoit vingt siècles avant l'ère chrétienne, ce patriarche dit en parlant de Dieu que c'est lui qui a posé le pole arctique sur le vide, et suspendu la terre sur rien: *qui posuit arcticum super vacuum et appendit terram super nihilum;* il parle aussi des constellations antarctiques, et Dieu en l'interrogeant lui dit :

« Où étois-tu quand je posois les fondemens de la » terre ? — Quelqu'un tenoit-il le niveau sur ses assises ? *Ubi eras quando ponebam fundamenta terræ ?*

Dans ces livres c'est l'éternelle sagesse qui fait tout ; les montagnes, les collines, les baies des rivières et de la mer, ses côtes, ses détroits, son bassin sont son ouvrage.

Mais si ces choses n'étoient que l'effet des lois imprimées à la nature, elles ne seroient pas moins l'ouvrage de Dieu puisqu'il est l'auteur de ces lois. Les hommes religieux ont donc pu ne voir dans l'opinion que je poursuis que des questions du ressort des sciences humaines; et ces questions ayant dû rester indécises jusqu'au temps où les faits seroient assez examinés, il résulte de ces raisons que si la nature n'a pas fait la moindre des choses dont cette opinion l'a fait supposer l'auteur, le mal de cette méprise dont l'athéisme a abusé n'est reprochable, ni du côté du zèle religieux, ni dans l'ordre des sciences humaines.

Que conclurons-nous donc ? Dirons-nous que la main qui a fait ces merveilles soit si visible qu'il ne reste sur elle aucun nuage ? Disons au contraire qu'elle n'est visible qu'aux hommes assez forts, et d'assez bonne volonté pour soulever par leur travail le voile qui la cache et qui est nécessaire à la liberté de l'être moral. Jugeons-en par un autre exemple pris dans ce même livre de la nature; avant que par l'étude de ce livre la philosophie eût reconnu que jamais il n'est né un être autrement que par le développement des germes réproductifs, l'athéisme disoit que la nature faisoit naître des êtres d'un genre nouveau dans la fange échauffée par le soleil : il n'a plus osé le dire, mais en cherchant au milieu du dernier siècle un autre appui il confondit la substance nutritive de l'être, dans l'état de l'extrême petitesse de la nature avec les principes constitutifs de cet être; il donna, à ce qu'il croyoit y voir le faux nom de *molécules organiques ;* des philosophes y furent trompés par des observateurs incapables de discerner ces différences ; et cet appui lui ayant aussi manqué il n'est pas moins resté ce qu'il étoit.

Il dira donc que si dans l'édifice rien ne paroît être l'ouvrage de la nature c'est que l'homme n'en connoît pas assez le pouvoir : et rien ne devant arrêter la nécessaire liberté de l'esprit humain pour le progrès des sciences, la philosophie elle-même doit vouloir que ces questions de l'ignorance soient éclairées, en y imposant seulement le silence à ce qui y blesseroit le grand intérêt du bien moral qui n'a jamais été choqué sans que les sciences en aient souffert.

Pourquoi, si c'est l'ouvrage de la puissance qui peut d'un mot tout ce qu'elle veut, cet édifice est-il construit par assises posées successivement l'une sur l'autre comme si c'étoit l'ouvrage des hommes ? On répondroit bien que si le souverain maître n'eût pas procédé de cette manière l'homme à la vue de cet ouvrage n'y trouveroit pas un livre qu'il pût lire ; mais cette réponse qui ne seroit pas la seule, montre par elle même la sagesse de cette question.

Ainsi il restera sur la main qui a fait ces choses une image du voile sous lequel elle se cache, soit quand elle donne aux peuples et aux rois de rudes mais nécessaires leçons ; soit quand pour éteindre les guerres et leurs causes elle fonde un grand empire d'un ordre nouveau, et force l'incrédulité à reconnoître cette main qui a créé et qui régit l'univers. Si la vérité étoit trop claire l'homme seroit sans excitation pour la chercher, il seroit sans mérite et le livre de la nature ne seroit pas étudié : il ne lui est donné que de soulever ce voile et non pas de le déchirer. Les Épicuriens en abuseront et quelquefois même l'intérêt du bien moral en sera choqué ; mais la religion et la philosophie tonneront, et c'est souvent du mal même quand il provoque ce tonnerre, que sortent comme du sein des tempêtes les plus vifs éclats de la lumière.

Mais concluons qu'avant la création des êtres de notre monde un précédent avoit été éteint sur la terre par une révolution qui avoit frappé du même coup tous les globes de notre monde planétaire : concluons-le parce que ce n'est qu'un fait dans l'ordre des sciences humaines, sans qu'il reste aucun voile sur ce fait quelle qu'en puisse être supposée la cause. Ceux pour qui ce que j'en ai dit et ce qui me reste à dire ne suffiroit pas liroient le complément des preuves à la deuxième section. J'ai assez prouvé ce me semble, qu'avant la création des êtres de notre monde la terre étoit couverte de l'eau d'une mer universelle ; or l'édifice bâti sous cette eau représente partout des débris des êtres de la nature animale et végétale : c'en est assez ce me semble en ces deux faits pour ne pas douter qu'un monde entier n'ait été éteint, sur-tout lorsqu'on voit par les restes de l'ancienne surface de la terre qu'elle avoit subi le feu d'un incendie général. Seroit-ce un chrétien qui pourroit en douter lorsqu'il voit par le livre de la Genèse, que cette eau de la mer universelle étoit sous les ténèbres qui couvroient aussi tous les autres globes de notre monde planétaire puisque ce monde ne fut illuminé que dans le quatrième des six jours ? Car puisque Moïse prévient que Dieu a créé le ciel et la terre dans le principe des temps, c'est comme s'il disoit que le ciel et la terre furent illuminés dans le principe des temps puisque le fait de leur création en suppose l'illumination, le ciel n'étant qu'un espace qui ne peut être appelé ciel que lorsqu'il est illuminé. Or Moïse dit ensuite qu'au moment où Dieu alloit commencer l'ouvrage des six jours la terre et tous les autres globes de notre monde planétaire étoient dans les ténèbres : c'est donc aussi comme s'il disoit que ce monde avoit subi une révolution où la lumière avoit été éteinte ; et même il le dit littéralement puisqu'il ajoute que la terre étoit néant et vide, expressions qui comme je l'ai prouvé par des exemples tirés des livres saints, signifient qu'un monde entier avoit été éteint sur la terre.

Buffon avoit le pressentiment (1) que le livre de la nature rameneroit l'athéisme à la foi : c'est une raison de plus pour qu'avant de passer à la troisième partie, j'offre encore par ce livre de la nature un exemple à ceux qui doutent de son auteur.

Que répondroient-ils si sur les rives de la Seine par exemple depuis Paris jusqu'à la mer, ils ouvroient les yeux sur cette espèce de grande muraille que découvre à perte de vue la coupe des montagnes dont est bordé ce fleuve ? C'est un bâtiment dont les assises sont alternativement de pierres de taille et de matières siliceuses de l'épaisseur de trois ou quatre rangs de brique : est-il possible de ne pas sentir que cet ordre alternatif d'assises de deux matières différentes, élevées l'une sur l'autre jusqu'à la hauteur des plus grandes montagnes ne peut être que l'ouvrage de la

---

(1) Tome 1. époques de la nature p. 64 et 65, où il dit:
« Les vérités de la nature ne devoient paroître qu'avec le
» temps, et le souverain être se les réservoit comme le plus
» sûr moyen de rappeler l'homme à lui lorsque sa foi déclinant dans la suite des siècles, seroit devenue chance-
» lante, etc. »

suprême intelligence, puisque la nature ne peut pas même former le plus simple banc de la pierre.

Est-ce par les lois naturelles que les couches de matières siliceuses ne renferment que des débris des êtres de la nature animale et végétale ? Se trouveroient-ils dans cette espèce de frise de la grande architecture ces êtres certificateurs du fait d'un monde détruit s'ils n'y interrogeoient pas les enfans des hommes sur la question et les conséquences de ce fait ?

Si c'étoit une chose triste à dire l'incrédulité peut-être détourneroit ses regards; mais on n'a pas le droit de lui en supposer la volonté puisque jamais il ne lui a été rien dit de ces faits qui par leurs conséquences comprennent et surpassent toute l'étendue des mondes planétaires, et qui offrent à la vue tout ce qui peut le plus aggrandir l'esprit et les espérances de l'homme.

PARTIE IIIe.

Le dernier monde avoit été précédé par un autre éteint de même ; et ce troisième monde, en comptant le notre le premier avoit été précédé par un quatrième, etc.

Voyons la preuve de ces faits, en les lisant d'abord sur les feuilles des ardoises portant l'empreinte des poissons qui étoient vivans quand ces ardoises se formèrent.

Il ne s'en est formé aucune depuis la création des êtres de notre monde. Buffon supposa le contraire par
une

une erreur échappée à ce grand génie qui ne pouvant tout voir par ses yeux fut trompé sur cette question par un faux rapport dont il ne cite qu'un exemple. Il dit que sur les côtes voisines de la ville de Caen où j'écris la mer a construit et construit toujours un schiste (1) par les matières que dépose l'une sur l'autre l'eau des marées.

Il ne s'est formé aucun schiste à ces côtes ni à aucune autre en quelque lieu que ce soit depuis que l'homme est sur la terre. Les couches des matières déposées par les marées sont bien minces comme les feuilles d'ardoises mais elles se confondent en s'élevant l'une sur l'autre ; et les masses qui en résultent ne sont pas plus fermes que la terre d'un fossé qu'on cure.

Ce n'est donc pas aux poissons de notre monde que se rapportent ceux qui sont empreints sur les ardoises puisqu'il ne s'en est formé aucune depuis la création des êtres de notre monde.

On le concluroit encore indépendamment de cette preuve parce que ces poissons n'ont aucuns analo-

---

(1) Tome 1er. époques de la nature, p. 118 où il dit en notes :

« La mer sur les côtes voisines de la ville de Caen en
» Normandie a construit et construit encore par le flux et
» reflux une espèce de schiste composé de lames minces
» et déliées, et qui se forment journellement par le sédi-
» ment des eaux etc. »

gues vivans. J'en noterai les différences à la deuxième section d'après des livres écrits par des observateurs versés dans ce genre d'étude.

La preuve s'en offre aussi par des moyens encore plus sensibles. C'est que les ardoises où sont empreints des poissons et végétaux sont tirées des schistes dont les couches sont inclinées à l'horison et recouvertes par des matières dont les couches sont horisontales. Car puisque la formation de celles-ci se rapporte à l'extinction du dernier monde dont la révolution inclina à l'horison cès schistes en détruisant leurs appuis, on ne peut pas douter que leurs couches ne fussent horisontales dans le temps de ce dernier monde, ni par conséquent que leur formation ne parte au moins du temps où le troisième monde s'éteignit.

On le concluroit de même si l'on en jugeoit par les mines de charbon de terre puisque les schistes qui renferment ce minéral sont aussi inclinés à l'horison, et recouverts de même par des matières à couches horisontales dont la formation se rapporte à l'extinction du dernier monde.

Le résultat seroit encore le même par un autre moyen parce qu'on trouve aussi l'ardoise et le charbon de terre sous des schistes à couches horisontales, avec cette différence seulement qu'en ces schistes l'ardoise n'est pas ferme ni par conséquent propre à couvrir les toîts ensorte qu'elle n'est d'aucun usage. Le bois aussi n'y est pour ainsi dire qu'à demi charbonifié, par ce défaut il n'est pas compté parmi les mines. Or les schistes à couches horisontales se rapportent à l'extinction du dernier monde ; c'est donc au moins au troisième que se rapportent ceux qui sont inclinés à l'horison.

Or parmi les carrières d'ardoise c'est-à-dire celles dont les couches sont inclinées, il en est dont la formation part de l'extinction du quatrième monde : je le prouverai à la deuxième section par des exemples tirés d'un livre imprimé en l'année 1752, et qui est d'autant plus remarquable que l'excellent observateur qui y parle disoit déjà que ces carrières étoient la preuve du fait de trois révolutions successives et destructives de la nature vivante. Il n'y fut dans l'erreur que parce qu'il supposa selon la fausse opinion de son temps que le déluge de Noé auroit été la dernière de ces trois révolutions. La dernière est celle qui éteignit le dernier monde, la seconde éteignit le troisième, et la première le quatrième. Elle est sensible sur celui-ci par les fentes et crévasses qui rebouchées et consolidées dans les ardoises furent rouvertes en un autre sens par la seconde révolution après laquelle vint la troisième qui éteignit le dernier monde.

Les montagnes de roches et de granit et en général toutes les montagnes auxquelles est jointe la matière calcaire comme moins ancienne qu'elles offrent ces mêmes résultats. Car puisqu'elles ne sont toutes que des restes de l'ancienne surface de la terre au point que la matière calcaire qui y est jointe en enveloppe quelquefois le corps même, on ne peut pas douter que ces vieilles montagnes n'existaent dans le temps du dernier monde, ni par conséquent que leur formation ne parte au moins du temps de l'extinction du troisième monde.

Or souvent ces montagnes se trouvent environnées par des schistes à couches inclinées à l'horison, et qui adossés au corps de ces montagnes y sont joints. Elles se reportent donc au moins à l'extinction du quatrième monde puisque les schistes inclinés à l'horison et moins anciens qu'elles se rapportent à la révolution qui éteignit le troisième monde.

Mais si nous disons comme il le faut bien d'après l'évidence que l'inclinaison des schistes où se trouvent de son côté l'ardoise et loin d'elle le charbon de terre a eu pour cause le défaut de leurs appuis détruits par l'incendie général en ces révolutions, ce n'est rien dire encore si l'on n'y voit pas à la fois la main conservatrice et réparatrice visible notamment dans les canaux qui, depuis la surface de la terre pour ainsi dire renferment le charbon de terre comme dans une boîte sous ces schistes impénétrables à l'eau, et se continuent avec ce minéral selon la même inclinaison jusqu'à la profondeur où ils tendent fort au-dessous du niveau du fond des mers et où se trouve le grand dépôt de ce trésor.

Si les fondemens des vieilles montagnes n'eussent pas été assez solides pour résister aux coups de ces révolutions, et que les schistes eussent été construits avec cette même solidité nous n'aurions pas dans ces ouvrages les pièces de comparaison que nous venons d'y voir, pour distinguer ce qui vient de chacun de ces mondes éteints. On ne connoîtroit seulement que le fait de l'extinction du dernier monde si les couches des matières étoient par-tout horisontales de façon que leur formation ne pût être rapportée qu'à cette dernière révolution. Ce ne seroit pas une raison pour conclure que le dernier monde n'eût pas été précédé par un autre éteint de même, parce que les profondeurs où l'homme descend par ses fouilles ne sont presque rien en comparaison de celles qu'il ne peut voir; mais ce seroit une cause de doute, et il importoit à l'être moral et au progrès des sciences que sur cette question où l'intérêt même de la vie présente nous force à descendre dans les canaux des schistes inclinés et renversés, il ne restât lieu à aucun doute.

SUITE DE LA PARTIE III.

Par des exemples dans l'espace céleste.

M. Faujas de Saint-Fond dit en l'ouvrage de ses voyages en Angleterre que le célèbre astronôme M. Herschel lui confirma le fait de l'extinction de plusieurs étoiles fixes distinguées dans les anciens catalogues et même de quelques-unes gravées dans l'Atlas céleste de Flamsted, et il dit (tome 1er. p. 85).

« Il arrive vraisemblablement quelquefois de grandes
» révolutions et peut-être de terribles catastrophes
» dans quelques parties du système de l'univers,
» puisqu'il y a des soleils qui s'éteignent et qui plon-
» gent par-là dans le néant les êtres organisés qui
» existoient sur les planètes que ces soleils éclai-
» roient. »

M. de la Place qui, dans son exposition du système de l'univers a aussi parlé de ces faits dit, (tome 1, pag. 89.) que les astronômes citent notamment l'étoile fixe qui, en l'année 1572 parut tout à coup dans la constellation de Cassiopée où elle resta pendant seize mois sans avoir changé de place dans le Ciel. Il dit:

« En peu de temps elle surpassa la clarté des plus
» belles étoiles et de Jupiter même, sa lumière s'af-
» foiblit ensuite, et elle disparut entièrement seize
» mois après sa découverte. Sa couleur éprouva des
» variations considérables; elle fut d'abord *d'un blanc*
» *éclatant*, ensuite d'un *jaune rougeâtre*, et enfin
» *d'un blanc plombé*. »

Il propose ses conjectures à l'égard de ces étoiles fixes qui se sont ainsi montrées presque subitement avec une très-vive lumière pour disparoître ensuite, et il dit :

« On peut soupçonner avec vraisemblance que *de* *grands incendies* occasionnés par *des causes extra-* *ordinaires* ont eu lieu à leurs surfaces, et ce soup- çon se confirme par le changement de leur cou- leur analogue à celle que nous offrent sur la terre les corps que nous voyons *s'enflammer et s'éteindre.* »

C'est dans ces exemples ce qui se fit quand, à l'ex- tinction du dernier monde sur la terre le globe ter- restre et tous les autres de notre monde planétaire subirent le coup d'un incendie général. Car si tou- tes les planètes et les comètes de ce monde se rap- prochoient à la fois du soleil et que cet astre subît comme eux le coup d'un incendie général, ils ne seroient tous ensemble à l'œil d'un observateur placé dans un autre monde planétaire que ce que fut pour notre globe l'étoile fixe vue en l'année 1572 dans la constellation de Cassiopée : ils seroient vus comme une étoile fixe dont la couleur seroit d'un blanc éclatant pendant le temps où les fluides de l'air et du feu seroient en action; la couleur d'un jaune rougeâtre succéderoit lorsque cette action des deux fluides cesseroit ; et elle seroit remplacée par celle du blanc plombé jusqu'à ce que l'empire des lois de la nature étant dissous, et l'eau commençant à monter sur les globes ils fussent enfin dans les ténèbres.

Or les planètes et les comètes se rapprocheroient du soleil si leur mouvement de projection cessoit, et même elles tomberoient dans cet astre si elles n'en étoient pas empêchées par la main de leur auteur. J'ai donc pu raisonner dans cette hypothèse d'autant plus que c'est dans ce même sens que les livres saints parlent de la chute de ces globes. Un de ces livres en parle plus majestueusement encore en disant qu'à la révolution future la terre et tout le ciel de notre monde planétaire fuiront devant les regards de l'éternel.

A cujus conspectu fugit cælum et terra, (Apocalypse, ch. 2c.)

C'est donc par ces moyens que le créateur assure la perpétuité aux globes des mondes planétaires puisqu'il les rajeunit comme nous le voyons par l'exemple de notre globe, en leur donnant de nouvelles surfaces jointes à ce qui leur reste des anciennes.

Nous le conclurons encore mieux par un cantique sacré dont l'auteur en parlant à Dieu, lui dit :

«Dieu ! dans l'ancienneté des temps tu as créé la terre
» Et les cieux sont l'ouvrage de tes mains :
» Ils tomberont et tu seras debout,
» Ils vieilliront comme un vêtement qui s'use,
» Tu les changeras comme on change un habit
» *Et ils seront changés*:
» Mais toi ! tu es toujours le même. »

In principio, Domine, terram fundasti
Et opera manuum tuarum sunt cæli :
Ipsi peribunt, tu autem permanes,
Et OMNES *sicut vestimentum veterascent,*
Et sicut opertorium mutabis eos, ET MUTABUNTUR,
Tu autem semper idem ipse es!

Car puisque Dieu dit qu'il changera la surface des globes comme on change un habit qui s'use, et qu'ils seront tous changés il ne permet pas de douter qu'après la future révolution il ne donne de rechef une nouvelle surface à la terre, ni que par conséquent il n'y crée de nouveaux êtres.

PARTIE IV.

Ecoutons maintenant ce que les livres saints d'abord, et ensuite les traditions religieuses chez tous les peuples de tous les temps vont dire du fait du dernier monde éteint.

J'avois déjà prouvé par le livre dont celui-ci est la suite que la Génèse ne permet pas de douter de ce fait; et apparemment mes preuves ont paru assez fortes puisque le zèle religieux qui ne se seroit pas tu si j'eusse mal interprété n'a opposé aucune contradiction.

Ajoutons-y de nouvelles preuves. L'apôtre St-Pierre dit en sa seconde épitre, chap. 2. que Dieu ne pardonna pas aux anges pécheurs: il parle ensuite du châtiment de l'homme par l'eau du déluge universel au temps de Noé; et au chapitre suivant où il décrit la future révolution qui éteindra notre monde il parle d'abord de celle qui éteignit le précédent.

Commençons par savoir s'il résulte de son texte que les anges tant les mauvais que les bons soient les âmes des habitans du dernier monde.

Il dit que Dieu ne pardonna pas aux anges pécheurs et qu'en les repoussant il les retint dans le tartare sous les chaînes des ténèbres pour qu'ils y restassent en attendant leur jugement.

Angelis peccantibus non pepercit, sed catenis caliginis detrudens in Tartarum tradidit in judicium servatos. (Texte grec).

On connoît ce jugement par les livres saints puisqu'aussitôt que l'homme fut créé ces mauvais anges sortirent du Tartare et se trouvèrent sur la terre et dans l'air avec ce nouvel être moral invisibles à ses yeux, mais témoins de ses actions et ayant la faculté de demander à Dieu la permission de tenter cet être et ses descendans. Il fut dit qu'ils resteront avec nous jusqu'à la fin de notre monde pour y être jugés définitivement avec ceux des hommes qui auroient aussi éteint dans leurs âmes le céleste amour de Dieu et du prochain.

Les bons anges dans le ciel sont aussi témoins de nos actions mais avec un desir contraire à celui des anges pécheurs; ils s'intéressent à notre bonheur et il est écrit dans l'Evangile que les hommes bons seront dans le ciel ce qu'y sont les bons anges, et qu'ils leur seront égaux.

C'est déjà une grande raison pour croire que ces êtres qui ont été comme nous dans l'état d'épreuve étoient en cet état sur la terre puisque les mauvais y sont et que les bons y viennent aussi sans cesse.

Objecteroit-on qu'ils sont appelés *esprits* ? Ce ne seroit rien dire puisque les livres saints appellent aussi ESPRITS (1) les ames des morts.

On ne m'opposera pas la fable qui fait tomber du ciel sur la terre les anges pécheurs en punition de leur orgueil, parce qu'on sait assez que cette fable est née de l'ignorance à la vue d'un chapitre du prophète Isaïe qui adressant la parole à Balthasar dernier des anciens rois Babyloniens avant qu'il fût né, le compare à l'étoile du matin lorsque ses courtisans étoient à son lever, et demande à ce roi orgueilleux qui n'eut pas même l'honneur de la sépulture comment il étoit tombé du ciel ? *Quomodo cecidisti de cœlo qui mané oriebaris LUCIFER ?*

La seule objection seroit que l'église n'a pas dit que les anges soient les âmes des habitans du dernier monde, mais elle n'a jamais eu l'occasion de le dire puisque je suis le premier qui ait proposé l'idée de ce monde éteint.

C'étoit sur la terre que vivoient ces êtres moraux puisque le chef des apôtres écrivant dans la langue des grecs dit que ceux de ces êtres qui furent pé-

---

(1) Saint Pierre appelle de ce mot *esprit*, l'âme humaine de l'homme Dieu après sa mort. *Mortuus quidem carne, vivens verò SPIRITU.* Et il dit que cette âme descendue aux enfers parla aux esprits des morts notamment à ceux qui n'avoient pas cru à la prédication de Noé : *SPIRITIBUS qui aliquando increduli fuerant etc.*

cheurs furent renfermés dans le Tartare (1) car selon l'opinion religieuse des Grecs et des Latins c'étoit dans le vide du globe qu'étoit ce lieu des ténèbres les plus profondes. C'étoit aussi dans ce vide qu'étoient les enfers selon les livres saints puisque ces livres et la foi chrétienne disent que l'ame humaine de l'homme Dieu descendit après sa mort dans les enfers. C'est ce qui fait dire à St-Paul (2) que l'homme Dieu qui le premier des hommes monta au ciel étoit premièrement descendu comme eux dans les profondeurs de la terre d'où il avoit retiré les captifs pour les faire aussi monter au ciel.

Saint Pierre dit donc qu'un monde fut éteint sur la terre puisqu'il dit que les anges étoient les habitans de ce monde.

L'apôtre St-Jude le dit aussi : il dit que « Dieu » retint sous les ténèbres par des chaînes éternelles » les anges qui n'avoient pas gardé leur principe ,

---

(1) Le Tartare étoit à la plus grande profondeur des enfers. Virgile dit pour en donner l'idée que sa profondeur étoit deux fois plus grande que ne l'est à nos yeux la hauteur du ciel.

Bis patet in præceps tantum tenditque sub umbras ,
Quantus ad ætherium cœli suspectus olympum.

(2) *Ascendens in altam captivam duxit servitutem , dedit dona hominibus. Quòd autem ascendit* quid est nisi quia descendit *primum in inferiores partes terræ* ? (Aux Ephésiens.)

» mais qui avoient *quitté leur domicile*, et qu'il se
» réserva à les juger *dans le grand jour* » c'est-à-dire
dans celui où il jugera les hommes.

Angelos que non servantes suum principium , sed relinquentes SUUM DOMICILIUM , in judicium magni diei vinculis æternis sub caliginem reservavit. (Texte grec.)

L'idée de ce domicile des anges ne peut ce me semble être conçue que dans le sens naturel où, comme le dit Horace nous quittons notre domicile quand nous mourrons.

» *Linquenda tellus et domus et placens*
» *Uuxor , neque harum quas colis arborum*
» *Ullæ te dominum brevem sequentur*
» *Præter cupressum.* »

Car quand les mauvais anges auroient été immortels jusqu'au jour où leurs ames furent renfermées dans les ténèbres du Tartare , leurs corps inanimés seroient restés sur la terre où ils auroient quitté leur domicile.

Il résulte donc aussi de cette épitre de l'apôtre St Jude que les anges sont les âmes des habitans du dernier monde.

Mais prévenons la crainte qu'auroit le zèle religieux si je parroissois donner lieu de supposer que l'être moral déchu volontairement de sa première nature pût y rentrer s'il n'en avoit pas le desir.

La philosophie veut comme la religion ce desir

dans l'être moral, si quelquefois elle s'est égarée sur cette question ce n'est pas par oubli de ce principe mais par ignorance du fait qu'elle a erré. Les sages de la Grece reconnoissoient la nécessité des peines pour faire naître dans l'ame de l'être moral après sa mort le sentiment du salutaire repentir. Ils ne s'y égarèrent quelquefois que sur la question du fait : ils supposèrent que peut-être les mauvais anges ou esprits pourroient revenir au sentiment de leur première nature par le moyen d'une longue durée de peines assez grandes, et Plutarque aussi le croyoit. Mais ils ne l'auroient pas supposé s'ils eussent su que ces esprits pervers mis en évidence dans l'évangile par le motif même de cette question, n'ont en aucune façon le desir de revenir au principe que l'apôtre leur reproche de n'avoir pas gardé. Ils ne sentent rien de ce desir puisqu'ils sont insensibles à la bonté divine qui est toujours la même sur eux ensorte qu'elle ne dédaigne pas de leur parler et de les écouter et qu'elle les laisse jouir comme nous de la vue du ciel. Car resteroient-ils insensibles à cette grace s'il leur restoit quelque chose de leur bonté originelle ? Il ne leur reste que l'intelligence qui les rend capables de se contenir par la crainte dans l'ordre de leur hideuse nature : ils ne sentent et ne veulent sentir que ce frein qui ne leur laisse d'autre souffrance quand ils y obéissent, que celle de chercher par-tout le repos de l'âme et de ne le trouver nulle part. C'est donc en effet qu'avant leur mort ils avoient éteint en eux le feu céleste qui, dans l'ame de l'être moral comprime et exclut pour ainsi dire l'amour de soi devant l'amour de Dieu et du prochain. On ne connoîtroit pas la philosophie si l'on ne savoit pas qu'elle s'élève à la hauteur de cette définition. Les sages de la Grèce et Cicéron chez les Latins ont appelé comme nous du mot *charité* le céleste amour du genre humain : *charitas humani generis*. Ce ne seroit donc pas la philosophie qui s'étonneroit, soit de ce que l'être moral qui a volontairement éteint en soi ce feu ne sent plus après sa mort le desir de le rallumer, soit de ce que la sagesse divine souffre cette espèce de monstres dans l'ordre des esprits, puisque dans celui des corps elle met aussi l'homme en guerre contre les bêtes féroces et les serpens.

Revenons à l'épitre de l'apôtre St-Pierre. En débutant au chapitre 3 il appelle l'attention des chrétiens sur les prophéties relatives au temps alors fort éloigné où, chez les nations devenues chrétiennes l'incrédulité naîtroit et demanderoit d'un ris moqueur ce que seroit devenue la prophétie de la fin du monde. Il dit :

« Sachez d'abord que dans *les derniers temps* il
» viendra des hommes vivans au gré des leurs desirs
» qui demanderont d'un ris moqueur ce que sera
» devenue la promesse de l'avènement du Seigneur ?
» Ils diront que rien de ce qui étoit n'a cessé d'être,

» à compter de la mort des premiers pères, et de
» l'époque *de la création.*

» Ils ne sauront pas parce qu'ils ne le voudront
» pas que déjà précédemment les cieux étoient, et
» qu'avec eux la terre vide d'eau puis couverte d'eau
» s'arrêta par l'ordre de Dieu ce qui fit que le monde
» de ce temps éséveli dans l'eau fut éteint. Or aussi
» par l'ordre de Dieu les cieux et la terre furent ré-
» tablis tels qu'ils sont, mais pour subir l'incendie
» dans le jour où il jugera les hommes et punira les
» impies. »

Il décrit ensuite cet incendie qui frappera du même coup tout notre monde planètaire.

Hoc primum scientes quod venient in novissimis diebus IRRISORES *juxta proprias concupiscentias ipsorum ambulantes, et dicentes : ubi est promissio adventûs ejus ? ex quo enim patres dormierunt omnia sic perseverant* AB INITIO CREATIONIS.

Latet enim eos hoc volentes quod cœli ERANT JAM PRIUS, *et terra absque aquâ et etiam in aquâ, consistens Dei verbo : per quæ ille tunc mundus aquâ inundatus periit. At qui nunc cœli et terra eo ipsius verbo repositi sunt, igni reservati in diem judicii et perditionis impiorum hominum.*

L'objection à laquelle il répond est que rien de ce qui étoit n'a cessé d'être depuis l'époque de la création, *ab initio creationis.* Or il dit qu'avant cette époque déjà un monde avoit existé, et avoit
été

été éteint sur la terre. Il ne permet donc pas de supposer que ce monde éteint dont il parle, soit celui qui fut noyé dans le déluge au temps de Noé.

Il en empêche encore par d'autres raisons, car 1º il dit que la terre, et avec elle les cieux c'est-à-dire les autres globes de notre monde planétaire furent arrêtés dans leur marche par l'ordre de Dieu, et qu'après cette révolution ils furent rétablis tels qu'ils sont. Or les globes de notre monde planétaire ne furent pas arrêtés dans leur marche au temps du déluge de Noé, et ils ne furent pas rétablis puisqu'ils ne cessèrent pas d'être tout ce qu'ils avoient été depuis l'époque de la création. Ce n'est donc pas du monde noyé dans l'eau du déluge au temps de Noé que parle l'apôtre. 2º il avoit parlé de ce déluge au chapitre précédent, c'est une raison pour croire qu'il parle d'un autre fait puisque s'il eût eu pour objet ce déluge, il n'auroit eu besoin que d'un mot pour le dire et qu'au contraire il compare l'effet de la révolution qui éteignit le dernier monde à celle qui éteindra le nôtre. Car la comparaison entre ces deux effets seroit choquante puisque le déluge au temps de Noé n'a éteint ni aucune race des animaux que Dieu avoit créés, ni aucune espèce des végétaux.

L'apôtre empêche aussi l'idée de ce déluge, et il est évident qu'au contraire il se reporte à l'eau de la mer universelle qui couvroit la terre avant l'ou-

D

vrage des six jours, puisqu'il dit que l'incrédulité ne voud a pas savoir que déjà antérieurement à la création de notre monde un précédent avoit été éteint sur la terre. Car l'incrédulité anti-chrétienne ne doute pas du déluge arrivé au temps de Noé, ce déluge étant évidemment le même que celui de *Deucalion* ou *Ogygès* chez les Grecs et les Latins, le même que celui de *Xisustrhus* chez les Chaldéens, et le même encore dont parloient les Perses, et dont parlent aussi les Indiens.

Mais quand au milieu du dernier siècle où l'étude du livre de la nature à la vue des montagnes et des carrières devint sérieuse, l'incrédulité foible jusqu'alors essaya de trouver un appui dans ce livre, elle donna bientôt lieu au reproche que lui intenta l'apôtre en écrivant cette épître. Car eut-il été difficile à ces railleurs de savoir qu'avant la création de l'homme la terre étoit couverte de l'eau d'une mer universelle, puisque Buffon et les autres savans naturalistes certifioient ce fait écrit au livre de la nature? Ils ne vouloient donc pas s'en instruire puisqu'ils demandoient d'un ris moqueur ce qu'étoit devenue la prophétie de la fin du monde. On sait bien qu'il eût été difficile alors de savoir ce qui est à présent si facile sur l'extinction du dernier monde, puisque les savans eux-mêmes en étoient empêchés par les fausses opinions prétendues savantes et religieuses dont je crois avoir assez détruit l'empire. Mais ces opinions et les savans respectoient la prophétie de la fin du monde, et elle étoit le sujet de la risée chez l'ignorante incrédulité.

On ne verra pas sans étonnement dans ma version du texte de l'apôtre, qu'au temps de l'extinction du dernier monde la terre et tous les autres globes de notre monde planétaire furent arrêtés dans leur mouvement; et il y aura lieu aussi au doute contre cette version où je dis qu'avant que l'eau montât sur le globe terrestre ce globe étoit vide d'eau, et que retenu alors dans l'immobilité par l'ordre divin, il resta aussi immobile quand il fut couvert d'eau.

Je dois m'expliquer sur les mots qui expriment ces idées. J'y serai plus intelligible en citant d'abord ce que dit un autre apôtre qui (1) en décrivant la révolution future, et en la peignant comme s'il l'eût vue, dit que la terre a fui, et que déjà sur elle la mer n'est plus. *Prima terra abiit, et mare jam non est.* C'est que dans l'incendie le bassin de la mer est à sec non pas par l'effet de l'action du feu mais parce que c'est l'ordre de la sagesse pour que le fond de ce bassin soit réparé, et que les matières étrangères à ce fond et utiles ailleurs en soient retirées.

Le grec *sunestôsa* du texte traduit parfaitement dans la vulgate et ma version par le latin *consistens* se rapporte à la terre ; et dans ce grec *sunestôsa* la pré-

---

(1) Apocalypse, chap. 21.

position *sun* qui répond à la latine *cum*, ou *simul*, et *unà*, se rapporte à la terre et aux cieux. Or le verbe latin *consistere*, et le grec auquel il répond signifie être dans l'immobilité, la permanence, la stabilité, et il signifie s'arrêter si l'objet dont on parle étoit en mouvement. L'apôtre dit donc que par l'ordre de Dieu la terre et avec elle les cieux s'arrêtèrent, et ce seroit encore le même sens si l'on disoit que la terre et avec elle les cieux se tinrent dans l'immobilité, la permanence, la stabilité; car ce seroit dire qu'ils n'étoient pas immobiles avant que cet ordre fût donné. On ne peut pas en douter à l'égard des cieux puisque le mouvement des planètes et des comètes est évident, le doute ne seroit proposable qu'à l'égard du globe terrestre : or c'est précisément ce globe qui est dit avoir été mis dans l'immobilité, et avec lui les cieux par l'ordre divin. Il n'y a donc aussi à l'égard de la terre aucun sujet de doute.

Le sens du texte seroit parfaitement clair si en traduisant en latin on disoit *Cœli erant*, STETERUNT *et terra* FUIT stans *cum eis verbo Dei*. Or le latin *steterunt* que j'ajoute est indiqué par les mots *terra consistens* qui suivent dans la version, et par l'ordre naturel des choses puisque les planètes et les comètes se meuvent. Ce latin *steterunt* est aussi suppléé par l'apôtre puisqu'il dit que les cieux furent rétablis ce qui suppose que leur mouvement avoit cessé. Le latin *steterunt* est donc en effet sous entendu, et par conséquent le sens des mots suivans est, *et terra stetit cum eis*. L'apôtre dit donc en effet que la terre, et avec elle les cieux c'est-à-dire les autres globes de notre monde planétaire s'arrêtèrent par l'ordre de Dieu.

La vulgate a traduit par les mots *ex aquâ et per aquam*, les mots *ex udatos kai di udatos* du texte grec ; et comme ces mots latins ne rendent aucun sens, c'est une raison d'abord pour douter que le texte ait été bien rendu par ces mots latins. La préposition grecque *éx*, qui est *ék* devant une consonne et *éx* devant une voyelle répond bien à la latine *ex* employée dans la vulgate, mais elle répond aussi à la latine *abs*, *absque*, *seorsum*, et à l'adverbe *foris* ; et le sens exprimé par ces autres prépositions étant indiqué puisque la terre est sans eau dans l'incendie général, c'est par le latin *absque* ou *sine* qu'on doit traduire.

La conjonction *kai* du texte répond bien à la latine *et* de la vulgate, mais elle ne répond pas moins aux latines *etiam*, *æque*, et le sens de celles-ci est indiqué par le texte même, et par l'ordre naturel des choses puisqu'on ne peut pas dire que la terre ait été à la fois vide d'eau et dans l'eau, elle en fut vide dans l'incendie puis couverte d'eau après l'action du feu, et en ce second état comme dans le premier elle fut également dans l'immobilité. C'est donc en effet par la conjonction *etiam* que celle *kai* du texte doit être traduite.

Quant à la préposition *di* du texte, rendue dans la vulgate par la latine *per* qui y répond on doit préférer la préposition latine *in* également correspondante, parce que l'autre seroit susceptible d'un sens faux.

Je n'aurois pas eu besoin d'un si long développement si je n'eusse eu à prouver que ce qui étoit en question, c'est-à-dire s'il résulte de l'épître de Saint Pierre qu'un monde eût été éteint sur la terre avant la création de notre monde; car il le dit si clairement que j'aurois pu me dispenser de prouver que le monde éteint dont il parle n'est pas celui du temps de Noé ; je l'eusse pu d'autant plus que la fausse opinion qui le suppose n'est simplement que tolérée et non pas approuvée dans l'église, elle n'a pour elle l'appui d'aucun docteur parmi ceux qui s'en seroient proposé la question. Mais comme cette épître a des mots dont le sens ne pouvoit être éclairci que par le livre de la nature j'ai dû m'en expliquer, et ce livre dans la vue duquel l'apôtre écrivoit laisse aussi des obscurités qui par ce même moyen sont éclaircies. Il en résultera un autre bien pour l'intelligence des traditions religieuses chez tous les peuples de tous les temps sur le même fait du dernier monde éteint, le compte que je vais en rendre sera d'autant plus court, et il méritera d'autant plus l'attention puisque les livres saints impriment le respect sur ces traditions en ce qu'elles ont de conforme à ces livres.

SUITE DE LA PARTIE IV.

Traditions religieuses chez tous les peuples de tous les temps.

Ovide dit qu'aussitôt que le souverain maître le grand architècte de l'univers (1) eut débrouillé le chaos et mis chaque chose à sa place, les astres qui depuis long-temps étoient comprimés sous la masse ténébreuse du chaos commencèrent à répandre la lumière dans toute l'étendue du ciel.

Vix ita limitibus discreverat omnia certis
Cum quæ pressa DIU massâ LATUERE sub ipsâ
Sidera, cœperunt toto fulgescere cœlo.

Ce poëte dit donc, non pas d'après la philosophie puisqu'elle supposoit le contraire, mais comme fidèle aux traditions religieuses que, pendant le temps du chaos tout notre monde planétaire étoit dans les ténèbres, et qu'avant ce temps ce monde étoit illuminé comme il est. Car puisqu'il dit que les astres furent comprimés pendant long-temps sous la masse ténébreuse du chaos c'est, comme s'il disoit qu'avant ce même temps ils éclairoient le ciel comme ils l'ont éclairé depuis la fin de cette catastrophe.

C'étoit aussi ce que, d'après ces traditions la Mythologie disoit en plaçant le règne du ciel avant celui

---

(1) *Mundi fabricator.——Opifex rerum.*

de Saturne nom qui dans la langue grecque signifie le temps, c'est-à-dire le temps du chaos qui détruisit toute la nature vivante.

Le ciel régnoit, il fut détrôné par le temps du chaos, et celui-ci le fut par Jupiter génie céleste du soleil dont le globe étoit animé par ce génie et en étoit la forme corporelle. Car c'est ce que dit Ovide au sujet des Dieux.

Astra tenent cœleste solum formæ que Deorum.

Et on sait par Homère que ces dieux n'étoient rien de plus que des esprits ou génies, c'est-à-dire rien de plus que ce qu'est l'ame de l'homme après sa mort.

Ad jovis Œgiferi reliquos que ad DÆMONAS œdes.

Malheureusement ces trois règnes furent représentés sous les images des choses humaines par les poëtes, les peintres et les sculpteurs, la philosophie s'en indigna quand vers six siècles avant le christianisme elle entra chez les Grecs, et elle ne vit les traditions religieuses que du même œil dont elles ont été vues chez nous jusqu'à présent. Les maîtres de nos études ne savoient pas plus que nous que le temps du chaos fût celui de la révolution qui avant la création de notre monde en avoit détruit un sur la terre et éteint la lumière du soleil; et Ovide qui écrivoit ces choses ne pouvoit pas s'en faire l'idée puisqu'elle n'étoit pas dans l'esprit de ses contemporains, ils lisoient ces traditions religieuses sur le temps du chaos comme nous les lisions sans en connoître le sens.

Les Dieux ne jouent aucun rôle dans l'ouvrage du débrouillement du chaos, ce n'est que le souverain maître qui y fait tout. L'idolâtrie avoit commencé en supposant que les ames des justes du dernier monde appelés anges ou esprits, avoient été placées par Dieu dans les astres animés par elles et qui leur servoient de formes corporelles avec le pouvoir de répandre la lumière la chaleur, et les autres bienfaits sur les hommes et sur leurs troupeaux et leurs moissons. La religion tonna contre cette ignorance qui au livre de Job est regardée par ce patriarche comme un crime contre Dieu chez ceux qui, à la vue de la clarté du soleil et de la lune mettoient la main à la bouche pour adorer les imaginaires esprits de ces globes. Mais l'homme est si foible que la bonté divine en eut pitié comme Saint Paul le dit à l'aréopage Athénien. *Tempora hujus ignorantiæ despiciens Deus*. La superstition chez les Grecs et les Latins disoit encore au milieu de cette extravagance que ses dieux ne pouvoient donner la vie ni l'ôter, ensorte que comme le dit Tertulien dans son apologétique, ce n'étoit pas à leurs dieux mais à Dieu que dans les grands dangers ils adressoient leurs cris. Ils disoient aussi que leurs dieux ne pouvoient rien contre les décrets divins, le poëte *Cointe* de Smyrne chez les Grecs dit (vers 95 et suivans,) que Jupiter lui-même ne peut pas sauver la vie à un homme si les décrets divins s'y opposent, il dit que quelque desir qu'eussent les dieux de favoriser les combattans à la guerre de Troye ils n'y pouvoient rien contre ces décrets. Homère le dit de même au sujet de Sarpedon celui de tous les hommes que Jupiter aimoit le plus, ce dieu en pleura quand il sut que, par décret divin Sarpedon alloit périr sous la main de Patrocle.

Hei mihi ! quod qui hominum est mihi vel charissimus unus
A Patroclo statuunt Sarpedona fata domari. (Iliade. v. 435.)

Et notre Ovide aussi va le dire : il dit que Jupiter las des crimes des humains alloit en anéantir toute la race par un incendie général du globe terrestre, et que pour frapper ce coup il avoit disposé toutes ses foudres quand il se rappela qu'il étoit écrit dans les décrets divins qu'au temps de l'incendie général de ce globe le soleil lui-même seroit frappé du même coup ; ce dieu de l'astre du jour où étoit son palais en eut peur, il se borna à punir les mortels par l'eau du déluge universel que le poëte ensuite décrit.

Esse quoque IN FATIS reminiscitur affore tempus.
Quo mare quo tellus CORREPTA QUE REGIA CŒLI
Ardeat, et mundi moles operosa laboret.

Ainsi les traditions religieuses disoient aussi que notre monde finira comme a fini le precédent par un incendie général.

Nul doute au reste que, selon la Mythologie ces bons génies ou esprits n'eussent vécu corporellement dans l'état d'épreuve sur la terre. Non seulement elle dit que tous ces dieux y ont vécu mais même elle les y fait naître, et elle dit de même que les mauvais génies ou esprits avoient vécu dans l'état d'épreuve sur la terre. Plutarque distingue parmi les mauvais génies ceux qui ayant encore des restes de leur bonté originelle pourroient y revenir par le moyen des peines correctionnelles, et ceux qui n'ayant plus rien de cette bonté restent toujours méchans. Il dit que c'étoient ces génies pervers qui conseilloient aux hommes les sacrifices humains et les choses deshonnêtes, et il ajoute que Platon Xénocrate et d'autres sages eurent cette même opinion. La philosophie dédaigna bien avec raison l'idée Mythologique des trois règnes du ciel de Saturne et de Jupiter parce que les images sous lesquelles les poëtes avoient peint cette idée étoient repoussées par la loi naturelle et par l'humaine honnêteté. Il en résulta que dans les traditions religieuses la philosophie dédaigna de même l'idée d'un monde éteint, mais elle respecta dans ces traditions ce qu'elles disoient des bons et des mauvais esprits ou génies.

La Mythologie jète dans le Tartare le temps même du chaos qui y est aussi jeté par Ovide puisque Saturne est ce temps.

Postquam Saturno tenebrosa ad Tartara misso.

Dans la théogonie d'Hésiode (vers. 185 et suivans) le chaos est père de l'Erèbe et de la nuit.

On sait ce qu'étoit l'Erèbe; Virgile dit:

Pallentes umbras Erebi, noctemque profundam.

C'est toujours la même idée des ténèbres au temps du chaos.

Les Egyptiens donnèrent à ce temps le nom *Typhon* dans leur langue. Ils disoient que *Typhon* avoit tué tous les êtres sur la terre, et qu'à la fois il avoit tué *Osiris* génie du soleil, et *Orus* fils de ce génie ce qui signifie seulement qu'en ce temps de *Typhon* la lumière du soleil fut éteinte. C'étoit par cette raison comme le dit bien Plutarque qu'ils appeloient de ce nom *Typhon* les ténèbres, l'enfer et le tartare ; et ils disoient aussi comme les Grecs et les Latins que les génies *Osiris* et *Orus*, et aussi *Isis* génie de la lune et reine du ciel avoient vécu corporellement dans l'état d'épreuve sur la terre.

Les traditions religieuses étoient donc en Egypte les mêmes que chez les Grecs sur le fait de la révolution qui, avant la création de l'homme avoit éteint la nature vivante et la lumière sur notre globe et tous les autres de notre monde planétaire. Les Perses, les Chaldéens le disoient de même ; et selon Bailly dans son astronomie indienne les Indiens s'élèvent encore plus haut puisqu'ils supposent qu'avant la création de l'homme la terre avoit subi trois déluges successifs également destructifs de la nature vivante. Car puisque selon ce savant ils comptent quatre déluges, on doit en excepter le quatrième qui repondant à peu près à l'âge du *Caliougam* seroit évidemment le même que notre déluge du temps de Noé. Le troisième en remontant seroit celui de l'eau de la mer universelle qui couvroit la terre avant la création de notre monde, et les deux autres déluges antérieurs seroient pris dans l'idée de deux mondes antérieurs détruits. Cette idée seroit étonnante puisqu'elle ne sort pas des traditions religieuses, mais elle auroit pu être conçue par la conséquence du fait du dernier monde éteint.

Chez ces peuples comme chez les Perses les Chaldéens les Assyriens, et pour le dire en un mot tous les autres peuples, l'idée de l'existence des bons et des mauvais esprits étoit la même que nous l'avons vue chez les Grecs. Le *Chouking* livre sacré et des plus anciens chez les Chinois parle de ces esprits comme en parloient les mages de la Perse et les Grecs. Chaque ville à la Chine a son génie tutélaire, et le nombre de ces bons génies y est aussi grand qu'il l'étoit dans la pensée du poëte Hésiode quand il écrivoit que la terre avoit trente mille génies autour d'elle indépendamment de ceux que la superstition avoit placés dans les astres. Les sauvages de l'Amérique ne parloient pas moins que les autres de ces bons et mauvais esprits, *Kitchi* et *Matchi Manitou*; et avant que le nord de notre Europe eût été civilisé, ces peuples qui comme l'a dit César en parlant des Germains ne connoissoient pas même de nom les dieux des Grecs ne croyoient pas moins qu'eux à l'existence des bons et mauvais esprits.

A la vue de cette uniformité de croyance il entreroit dans la tête de l'homme de supposer que, dans l'idée du premier auteur de ces traditions les esprits dont elles parlent auroient été les âmes des premiers hommes de l'ancien temps. Mais ces mêmes traditions en empêchent en établissant la distinction entre ces esprits et les âmes des justes et des méchans parmi les hommes après leur mort. La différence en est aussi bien faite à la Chine qu'elle l'étoit chez les Grecs et les Latins. Les traditions disoient que toutes les âmes des hommes non moins des justes que des méchans descendoient aux enfers : Homère n'en excepte aucun, pas même celle du plus grand des héros des Grecs Hercule fils d'Alcmène, c'est-à-dire le seul Hercule puisque le PHÉNICIEN de ce nom étoit le génie céleste du soleil.

On ne peut donc pas douter que cette croyance ne se rapporte aux âmes des habitans du dernier monde éteint sur la terre. La philosophie chez les Grecs proposa bien de faire monter les justes au ciel après leur mort, Socrate en avoit l'espérance, et Cicéron dit qu'en effet ce sage y monta. L'adulation en profita pour placer quelques grands princes dans les astres,

Jules-César devoit en avoir un beau et il l'eut comme le dit Horace.

Micat inter omnes
Julium sidus velut inter ignes
Luna minores.

Mais les traditions religieuses disoient le contraire, il falloit que les âmes des Césars descendissent comme les autres aux enfers pour y rester jusqu'au temps dont les livres saints font connoître la détermination, et Auguste savoit qu'il y descendroit puisque l'Elisée où le héros de l'Enéide trouva Anchise étoit dans les enfers.

Je crois avoir assez prouvé que les traditions religieuses chez tous les peuples de tous les temps disent comme les livres saints qu'avant la création de notre monde un précédent avoit été éteint, mais le doute reviendroit contre ce genre de preuves si le livre de la nature ne mettoit pas en évidence ces mêmes faits. Assurons-nous en donc encore en en resserrant les raisons dans la forme d'une démonstration.

De toutes les carrières et les montagnes il n'en est pas une où les bancs de la pierre de quelque nature qu'elle soit n'aient été formés sous l'eau d'une mer universelle : on ne peut pas en douter puisque leurs bancs sont horisontaux et qu'il ne s'en est formé aucun sous l'eau de la mer, ni sous la terre depuis la création de notre monde.

Il n'est donc pas seulement prouvé, il est démontré qu'avant cette époque de la création de nôtre monde la terre étoit couverte de l'eau d'une mer universelle : toutes les montagnes certifient ce fait depuis leurs fondemens jusqu'à leurs cimes, non moins celles de roches et de granit et de quelqu'autre genre de pierres que ce soit que celles de la nature calcaire. Car quoique toutes les vieilles montagnes rapportent leur origine à des temps antérieurs au dernier monde éteint c'est toujours dans l'eau d'une mer universelle qu'elles ont été construites.

Or la retraite de l'eau qui couvroit la terre avant la création de notre monde découvrit le grand édifice sur le toît duquel toute la nature vivante repose ; et tout ce qui dans cet édifice est de la nature calcaire et siliceuse résulte des débris des êtres de la nature animale et végétale : un monde existoit donc sur la terre avant qu'elle fût couverte de l'eau de la mer universelle puisqu'on ne peut pas supposer que ces êtres pétrifiés et silicifiés aient vêcu dans notre monde ; on ne le peut pas puisque parmi les êtres de notre monde aucun ne s'est pétrifié ni silicifié, et que d'ailleurs ceux dont nous parlons diffèrent assez sensiblement des êtres actuels pour qu'on voie qu'en effet ils ne leur appartiennent pas.

Un monde existoit donc en effet sur la terre avant que l'eau de la mer universelle eût commencé d'y monter ; ce fait est en outre certifié par tout ce qui reste de l'ancienne surface de la terre parce qu'elle

fut

fut frappée du coup d'un incendie général dont le fait est certifié aussi par la nouvelle surface puisque la pierre calcaire ne résulte pas des débris de coquilles non fondus par le feu mais des montagnes antécédentes de cette nature mises en dissolution par le feu dans cet incendie général.

Ce monde qui existoit fut donc éteint avant même que l'eau eût commencé de monter sur la terre.

Mais les autres globes de notre monde planétaire furent-ils frappés du même coup ? Ils le furent puisque si les lois qui régissent la nature eussent continué d'exercer leur empire il ne se seroit rien fait de plus sous l'eau de la mer universelle que ce qui s'est fait sous l'eau de la mer depuis que l'homme est sur la terre. Or il ne s'est rien fait sous cette eau, rien ne s'y est pétrifié ni silicifié il ne s'y est pas formé un banc de pierre ; le soleil, et par conséquent ses planètes et ses comètes fut donc frappé du même coup qui éteignit la lumière sur la terre. On le concluroit encore par d'autres moyens puisque rien de ce qui est dans l'édifice n'est l'effet des lois qui régissent la nature. Car il résulte de ce fait que l'empire de ces lois fut dissous, et que par conséquent la lumière du soleil fut éteinte.

Il est donc évident que le coup qui frappa la terre frappa à la fois le soleil et par conséquent tous ses autres globes. J'en ai donné de plus la preuve par l'exemple dans l'espace céleste où quand le soleil d'un monde planétaire s'éteint on ne doute pas que les autres globes de ce monde ne soient à la fois dans les ténèbres. On concevroit même encore le fait de ces révolutions quand on n'en auroit pas la vue puisqu'on voit que la surface des globes s'use par les coups du temps et par l'effet même des lois qui dirigent la nature. Car puisque ces lois détruisent sans que jamais elles recomposent on concluroit de ce fait que la surface du globe terrestre auroit été usée peu de temps après sa création dont l'époque se perd dans l'éternité divine. Ce globe auroit donc cessé d'être habitable plus de fois que l'homme n'en pourroit compter, si à chaque fois une nouvelle surface ne lui eût pas été donnée par la main qui la créé.

Enfin j'ai prouvé que le dernier monde éteint sur la terre avoit été précédé par un autre aussi éteint et précédé de même.

C'est à nous maintenant de peser la force qu'ajoutent à cette démonstration les livres saints et les traditions religieuses chez les peuples de tous les temps. Par quels moyens l'auteur de la Genèse savoit-il que la terre avoit fait trois fois sa révolution diurne sur son axe lorsque l'illumination recommença par le soleil dans toute l'étendue de notre monde planétaire ? Où avoit-il pris l'idée de ce qui est si grand si beau et à la fois si exact et si précis dans son récit ? Et à quelle source aussi rapporteroit-on ce que disent sur le même fait du dernier monde éteint les autres livres saints ?

Du côté des traditions religieuses personne ne doutera qu'elles ne se reportent au premier père des hommes puisqu'elles se retrouvent les mêmes chez tous les peuples de tous les temps. Mais par qui ce premier père avoit-il su toutes ces choses ? Ce n'est pas une question si l'on dit avec la Genèse que Dieu en créant l'homme en prit lui-même la figure pour l'instruire et qu'il lui parloit tous les jours.

Je pourrois appliquer à mes lecteurs en finissant le compte du livre de la nature ce que dit Cicéron à la fin de son premier livre des lois. Il y peint le bonheur du philosophe qui saisit Dieu pour ainsi dire en le cherchant dans ses ouvrages *ipsumque ea moderantem et regentem PŒNE PREHENDERIT*.

Disons-le encore mieux par le texte sacré que j'ai pris pour épigraphe puisqu'il ne se peut rien de plus philosophique et de plus beau. Nous avons vu par le livre de la nature l'éternité même de la puissance de son auteur, et sa divinité.

Si dans le compte que j'en rends et où tout ce que j'en dis est neuf il m'étoit échappé quelques fautes que voulussent bien noter, soit des docteurs dans l'église soit des savans dans l'ordre des sciences humaines je serois prompt à rétracter l'erreur. Je me crois par ce moyen à couvert de toutes parts, hormis peut-être du côté de ceux que dans l'ancienne Rome le chantre des muses écarta.

Odi prophanum vulgus et arceo
Favete linguis, carmina NON PRIUS
CANTATA....

www.ingramcontent.com/pod-product-compliance
Lightning Source LLC
LaVergne TN
LVHW051515090426
835512LV00010B/2537